AF462872

0
20
336

Pierre LEHAUTCOURT

L'ARMÉE ET LA MARINE JAPONAISES

PARIS
11, Place St-André-des-Arts, 11

LIMOGES
46, Nouvelle route d'Aixe, 46

IMPRIMERIE ET LIBRAIRIE MILITAIRES
HENRI CHARLES-LAVAUZELLE
ÉDITEUR

1892

L'ARMÉE & LA MARINE

JAPONAISES

Pierre LEHAUTCOURT

L'ARMÉE ET LA MARINE JAPONAISES

PARIS
11, Place St-André-des-Arts, 11

LIMOGES
46, Nouvelle route d'Aixe, 46

IMPRIMERIE ET LIBRAIRIE MILITAIRES
HENRI CHARLES-LAVAUZELLE
ÉDITEUR

1892

L'ARMÉE ET LA MARINE JAPONAISES

L'ARMÉE

I

Aperçu géographique du Japon.

Le continent asiatique est séparé de l'océan Pacifique par une suite de terres émergées, d'origine volcanique pour la plupart, que limite nettement à l'est un chapelet de mers peu profondes, parfaitement définies et communiquant entre elles par une série de détroits d'une faible largeur relative.

Ces terres, qui bornent vers l'ouest les abimes du Pacifique, les plus profonds des mers connues, s'étendent aussi, presque sans interruption, de la presqu'ile de Kamtchatka à Formose ; on pourrait même y comprendre les îles Aléoutiennes d'une part, de l'autre les Philippines et Bornéo, qui prolongent au nord et au sud cet immense cordon littoral.

Les groupes d'îles situés au centre de cette ligne séparent du Pacifique les mers d'Ochotsk, du Japon et de la Chine orientale ; elles constituent l'empire actuel du Japon, que les indigènes désignent habituellement sous le nom de

Nihon ou Nippon (origine du soleil) ou Daï Nippon (grande origine du soleil) (1).

Le pays du *Soleil Levant* est formé : 1° d'une grande île nommée Hondo ou Honshiou, et de l'île de Shikokou dont les contours se relient si bien à Hondo qu'elle semble en faire partie ;

2° De l'île Kioushiou, au sud-ouest des précédentes ;

3° De l'île d'Ezo, au nord-est de Hondo et qui la relie à l'île russe de Saghalien ;

4° Du groupe des îles Riou-Kiou, ou Liou-Kiou, qui se détachent de Kioushiou vers le sud ;

5° Du groupe des îles Tsi-Sima (mille îles) ou Kouriles, qui se détachent d'Ezo vers le nord et vers la presqu'île de Kamtchatka, sur une longueur de près de 650 kilomètres ;

6° Du groupe des Ogasawarashima (îles Bônin), au sud-est.

En somme, si l'on néglige la multitude des îles secondaires faisant partie de l'archipel japonais, on voit que ses quatre grandes îles s'étendent de Saghalien à la Corée, sur une longueur de près de quinze degrés de latitude, du 31° au 46° nord. Le développement de leurs côtes n'est pas moindre de 7013 *ri* (près de 28,000 kilomètres) pour une superficie totale de 24,794 ri carrés (environ 396,000 kilomètres carrés).

Il est évident que le climat et par suite les productions du sol ou la densité de la population ne peuvent être identiques sur toute cette étendue.

---

(1) Cette notice a été établie surtout au moyen de l'excellent ouvrage publié en 1890 par M. le capitaine de Villaret, ancien membre de la mission militaire française au Japon, *Daï Nippon*.

Nous avons consulté, en outre, la *Revue militaire de l'étranger*, de 1878 à 1892, et diverses publications françaises ou étrangères, notamment une étude publiée en 1890-1891 par la *Revista tecnica de infanteria y caballeria* et les *Marines étrangères* de M. le lieutenant de vaisseau Buchard (1891).

La température du Japon est, à latitude égale, inférieure à celle des contrées européennes voisines de l'Atlantique. Pourtant, la présence le long de ses côtes d'un courant chaud venu de l'Equateur, le Kouro-Sivo ou Fleuve Noir, contribue à rendre les écarts moins sensibles entre le nord et le sud du pays. Dans l'ensemble, celui-ci jouit d'un climat tempéré, permettant la culture du riz et assurant des moyens d'alimentation à un nombre d'habitants qui dépasse de beaucoup la moyenne habituelle. En effet, malgré la constitution montagneuse du sol, dont les plaines occupent à peine la huitième partie, la population du Japon s'élevait, le 1er janvier 1886, à 38,151,217 personnes, dont 29,317,000 pour Hondo, 2,750,600 pour Shikokou, 5,868,319 pour Kioushiou et 215,298 seulement pour Ezo. La densité moyenne dépassait 102 habitants au kilomètre carré (71 en France). D'ailleurs, elle varie beaucoup selon les régions. Ainsi Hondo, qui possède les trois-quarts du nombre total des habitants, n'a qu'une superficie de 14,690 ri carrés sur un total de 24,794. L'île d'Ezo est très peu peuplée : 215,298 habitants sur 6,095 ri carrés. Quant à Shikokou et à Kioushiou, elles se rapprochent davantage de la moyenne : 1,180 et 2,827 ri carrés pour 2,750,600 et 5,868,319 habitants.

II

Aperçu historique.

Les origines historiques du Japon tiennent plus de la légende que de l'histoire véritable. On peut donc les négliger dans un travail de ce genre, en se bornant à énoncer un certain nombre de propositions généralement admises comme exactes.

Les habitants primitifs du pays, ou du moins la plus grande partie, étaient de la même race que les Aïnos, aujourd'hui refoulés dans l'île d'Ezo et fort réduits en nombre.

Dès l'origine de l'histoire japonaise, les territoires voisins de la Corée ont été peuplés par des habitants de même race que ceux de la partie voisine du continent asiatique.

Les îles du sud ont servi de voie naturelle par laquelle de nombreux Malais, aidés par les courants équatoriaux et les moussons, sont venus au Japon.

La race malaise, fortement mélangée d'éléments d'origine chinoise ou coréenne, a peu à peu dominé, puis absorbé les populations méridionales. Au contraire, elle a refoulé progressivement les Aïnos du nord, qui ont lutté longtemps contre sa domination, mais qui tendent actuellement à disparaître ou à se fondre avec elle en un corps de nation dont l'unité est particulièrement remarquable. Quoi qu'en disent les Japonais, froissés dans leur amour-propre national, il est incontestable qu'ils ont reçu des Chinois leur écriture, leur religion, leur éducation artistique; seule leur langue parlée, le *yamato,* qui est probablement celle des populations autochtones du Japon méridional, les différencie nettement de leurs voisins de race jaune.

D'après la légende, une même famille régnerait sur le Japon depuis son origine. Mais le premier mikado (empereur) dont les annales fassent mention est Djimmou (677 avant J.-C.). C'est en 1542 seulement que commencèrent les rapports du Japon avec l'Europe; les Portugais y débarquèrent et saint François Xavier ne tarda pas à s'y établir (1549). Les progrès du christianisme furent d'abord rapides; mais, à la suite de guerres civiles survenues entre boudhistes et chrétiens, ces derniers furent proscrits (1596).

En 1600, les Hollandais apparurent pour la première fois sur les côtes japonaises et s'y créèrent bientôt une situation prépondérante, en dépit des efforts des Portugais et des Espagnols. Les préoccupations religieuses étaient tout à fait étrangères aux nouveaux venus, exclusivement voués aux occupations commerciales; aussi, malgré leur admission dans le pays, les chrétiens japonais ne cessèrent-ils pas d'être persécutés; après un grand massacre en 1637, ils finirent par disparaître à peu près complètement.

En même temps, le Japon se fermait de plus en plus aux étrangers; en 1617, deux ports seulement avaient été laissés ouverts au commerce extérieur. En 1621, on interdit aux Japonais de quitter leur pays; en 1624, tous les Européens furent expulsés à l'exception des Hollandais, des Anglais et des Portugais. Ces derniers finirent même, en 1636, par être parqués dans une île artificielle, une sorte de ghetto construit près de Nagasaki à leur intention. Puis ils furent expulsés à leur tour et les Hollandais se virent réduits, comme l'avaient été les Portugais, à habiter l'îlot de Desima. Pour toutes les autres nationalités, le Japon demeura obstinément fermé.

Cet isolement dura jusqu'en 1852, époque à laquelle les Etats-Unis envoyèrent une division navale pour demander aux Japonais la conclusion d'un traité d'amitié et de commerce. Ils n'y consentirent pas sans difficulté et, le 31 mars

1854 seulement, les ports de Hakodate, dans l'île d'Ezo, et de Shimoda dans celle de Hondo furent ouverts aux Américains. La même année, les Anglais obtenaient, en outre, l'entrée du port de Nagasaki.

Dès lors, les progrès de l'influence étrangère furent rapides, malgré les difficultés incessantes soulevées par l'entourage de l'empereur. En 1858, trois nouveaux traités de commerce furent conclus avec les Etats-Unis, l'Angleterre et la France. Mais la cour ne désarma pas pour cela, et les années 1860 et 1861 furent signalées par un redoublement de mesures vexatoires vis-à-vis des étrangers et surtout des puissances européennes.

Deux influences rivales se disputaient le pouvoir : d'un côté les *daïmio* et la cour du mikado, toujours plus hostiles à l'étranger; de l'autre (1) le *shogoun*, qui avait ouvert le Japon à l'influence européenne, et qui persistait à se laisser donner par les représentants étrangers le titre de *taikoun* (empereur), sans y avoir le moindre droit.

Cette situation alla en empirant jusqu'en 1863. A cette époque, une sorte de révolution de cour manaça d'anéantir le pouvoir du shogoun et l'expulsion des barbares fut décidée par le mikado (25 juin).

Le même jour, des bâtiments et des batteries de côte japonaises ouvraient le feu sur un navire américain; peu après, la corvette hollandaise *Medusa* et l'aviso français *Kien-Chang* étaient canonnés à leur tour (8 juillet). L'amiral Jaurès, alors en rade de Yokohama, partit aussitôt, avec la *Sémiramis* et le *Tancrède,* pour Simonoseki, où avait eu lieu cet attentat. Le 20 juillet, après un combat assez vif, il enlevait un des forts du détroit et détruisait quelques batte-

---

(1) Les daïmio, au nombre de 362, dont 18 principaux, étaient des nobles japonais, jouant le rôle des grands vassaux de notre organisation féodale; le shogoun était, à l'origine, le plus puissant des daïmio; il finit par devenir une sorte de maire du palais.

ries. Puis les ministres étrangers, réunis, adressèrent au gouvernement japonais une sommation exigeant le désarmement de Simonoseki.

Les Anglais n'attendirent pas l'effet de cet ultimatum. Ils avaient déjà présenté aux Japonais plusieurs réclamations au sujet du meurtre d'un de leurs nationaux, dans lequel était impliqué le prince de Satzouma; le 6 août, sept de leurs bâtiments quittaient la rade de Yokohama pour se rendre dans la baie de Kagoschima. Leur chargé d'affaires, colonel Neale, adressa au prince de Satzouma une sommation, qui fut repoussée avec hauteur. Pourtant, dans l'espoir d'une solution pacifique, ils crurent devoir attendre avant de commencer les hostilités. Mais, le 15 juillet, pendant une tempête qui rendait très précaire la situation de leurs navires, les Japonais ouvrirent sur eux un feu violent. Kagoshima fut incendiée, il est vrai, par leurs obus, mais les pertes en hommes furent surtout pour leurs bâtiments, et le résultat positif de l'expédition demeura à peu près nul.

A la suite de cette affaire et de l'assassinat du lieutenant Camus, du 3e bataillon d'Afrique, qui faisait partie de la garde de notre légation (14 octobre 1863), une action combinée fut résolue et, le 5 septembre 1864, une escadre de 9 bâtiments anglais, 4 hollandais, 3 français et 1 américain ouvrait de nouveau le feu sur les batteries du détroit de Simonoseki. Elles furent successivement détruites et leur matériel enlevé par les compagnies de débarquement. Sous l'influence de cette leçon, le prince de Choshiou accepta des conditions humiliantes.

D'ailleurs, la lutte continuait, plus ou moins ouverte, entre les partisans du mikado et ceux du shogoun ou des daimïo rebelles. Les représentants des puissances européennes avaient enfin reconnu que le shogoun était non pas l'empereur du Japon, mais le premier des sujets de celui-ci.

Grâce à l'appui de leurs forces navales, ils obtinrent du mikado l'approbation des traités signés précédemment par le shogoun (24 novembre 1865). Une convention plus explicite fut conclue l'année suivante (25 juin) entre le Japon, la France, l'Angleterre, les Etats-Unis et la Hollande.

L'empereur Komeï, ennemi aveugle de l'influence étrangère, mourut le 3 février 1867, et son fils, le souverain actuel, Moutsouhito, lui succéda. A cette époque, arrivait la première mission militaire française, sous les ordres du capitaine d'état-major Chanoine, depuis général. Les autres membres de la mission étaient le lieutenant d'artillerie Brunet et le lieutenant de cavalerie Descharmes, aujourd'hui colonels; les lieutenants Dubousquet et Mesurot, de l'infanterie; le lieutenant du génie Jourdan. La situation politique était toujours aussi tendue à l'intérieur du Japon. Une révolution de palais en résulta le 3 janvier 1868. Le système gouvernemental de l'empire fut entièrement modifié, les prérogatives du shogoun supprimées, et l'empereur reprit tous les pouvoirs dont ses prédécesseurs s'étaient départis.

Cette restauration, une modification aussi profonde dans des habitudes séculaires, ne pouvait se produire sans luttes. La guerre civile commença donc pour durer jusqu'en juin 1869. Elle aboutit au triomphe du mikado et à la destruction complète des prérogatives du shogoun et des daïmio, dont le nom même disparut. De vassaux presque indépendants, les daïmio devinrent des fonctionnaires d'un gouvernement central fortement organisé. Au lieu d'être divisé en *han* (provinces gouvernées par les daïmio), le Japon fut réparti en *ken*, divisions purement administratives. Enfin les *samouraï*, descendants des anciens hommes d'armes du shogoun ou des daïmio et qui jouissaient encore de privilèges particuliers, perdirent leur titre et reçurent une compensation en argent. Ainsi disparut le dernier reste du régime féodal japonais.

Au 31 décembre 1886, le Japon comptait, sur 38,151,217 habitants, 3,419 *kazokou*, anciens daïmio, et 1,946,283 anciens samouraï ou *shizokou*, les familles comprises.

Depuis cette époque (1873), l'histoire du Japon se résume en des difficultés intérieures ou extérieures, en une guerre civile et plusieurs expéditions à Formose ou en Corée.

Les Coréens refusaient (1872) le paiement du tribut imposé autrefois par une impératrice japonaise. Quant aux insulaires de Formose, ils avaient massacré des indigènes des îles de Riou-Kiou, jetés sur leurs côtes par la tempête, et le gouvernement chinois déclinait toute responsabilité à leur égard. Une double expédition fut décidée, d'abord contre Formose, puis contre la Corée.

Celle de Formose, entreprise malgré les protestations aussi timides que tardives des Chinois, réussit en partie.

Le général Saïgo débarqua avec 3,000 hommes le 8 mai 1874 sur la côte occidentale de l'île, et y établit sa base pour s'enfoncer ensuite dans l'intérieur. Ce fut une campagne extrêmement pénible; les maladies furent nombreuses et les combats sérieux et rares, mais plusieurs tribus furent sévèrement châtiées et le but de l'expédition partiellement atteint. D'ailleurs, les Chinois, devenus inquiets, offrirent à leurs voisins de l'Est le remboursement des dépenses faites par eux et des garanties pour l'avenir, mais sous la condition qu'ils évacueraient complètement Formose. Les Japonais acceptèrent (octobre 1874). Par contre, ils annexèrent à leur empire les îles Riou-Kiou, jusqu'alors sous leur protectorat.

D'autres difficultés survinrent avec la Russie. Cette puissance occupait depuis un certain temps une partie de l'île Saghalien, sur laquelle le Japon avait également des droits. On discuta pendant plusieurs années au sujet de la frontière à établir entre les possessions des deux pays, sans parvenir à s'entendre. En 1875 seulement, le Japon conclut une convention désastreuse, par laquelle il cédait aux Russes l'île de Saghalien tout entière, en échange de la longue rangée, à peu près déserte et improductive, des Kouriles.

A l'égard des Coréens, les premières tentatives de négociations s'étaient terminées par un échange de coups de feu (1875): on envoya donc à Fousan une expédition et une ambassade. Le 27 février 1876, celle-ci conclut un traité de paix et de commerce d'après lequel la Corée serait, désormais, traitée sur le pied d'un Etat indépendant. Cet accord ne fut pas de longue durée. En 1882, à la suite d'une révolution survenue en Corée, la légation japonaise de Seoul fut attaquée et le Japon mobilisa une partie de son armée. Toutefois, cette affaire se termina encore une fois sans effusion de sang, par un nouveau traité (30 août 1882, Convention de Ninzen) qui confirmait le premier. Depuis lors, la Chine a fait revivre d'antiques prétentions à la suzeraineté sur ce pays, comme elle avait tenté de le faire en Annam; on a vu récemment des ambassadeurs chinois reçus en Corée avec des honneurs tout à fait extraordinaires. L'influence japonaise a donc été mise en échec, aussi bien là qu'à Saghalien ou à Formose.

Une grave insurrection, celle de Satzouma, résulta du mécontentement provoqué par la politique intérieure et extérieure de l'empire. Le 20 février 1877, le maréchal Saïgo, commandant en chef de l'armée japonaise, se mit en état de révolte ouverte et commença une lutte sanglante qui se termina, le 24 septembre 1877, près de Kagoshima, par sa défaite et sa mort. Cette dernière manifestation de l'esprit féodal n'avait pas coûté aux impériaux moins de 6,399 tués, 10,523 blessés et 200 millions de francs.

Depuis 1877, les premières assemblées électives du Japon ont été créées (22 juillet 1878) et même le régime constitutionnel a été établi (11 février 1889) avec son appareil ordinaire : deux chambres, l'une héréditaire et l'autre élue par des censitaires; un ministère responsable, mais seulement vis-à-vis de l'empereur. Celui-ci a gardé le commandement suprême des forces militaires et navales, ainsi que le droit de déterminer leur organisation, de faire la guerre ou la paix, de négocier des traités. Une partie considérable du budget échappe même à tout contrôle des Chambres.

Le premier parlement japonais s'est réuni en 1890 et il ne semble pas, d'après la presse anglaise, que les résultats de cette révolution pacifique aient été tels qu'on aurait pu le souhaiter. Il est probable que l'ère des difficultés intérieures est loin d'être close pour cette antique monarchie, passée brusquement d'un isolement à peu près absolu à l'initiation la plus complète aux idées et aux mœurs européennes.

III

L'armée. — Coup d'œil d'ensemble. — Recrutement.

Avant l'inauguration du régime politique actuel, les troupes japonaises étaient essentiellement des troupes féodales, peu nombreuses et composées de *samouraï*, c'est-à-dire d'une milice héréditaire rappelant les janissaires ottomans ou les mameloucks égyptiens. Cette organisation a été modifiée de fond en comble; les Japonais ont pris pour modèles les principales armées européennes, celles de la France et de l'Allemagne surtout.

Actuellement, leurs institutions militaires n'ont plus aucun trait saillant, les différenciant nettement de celles des autres peuples. Ils ont apporté à la constitution de leurs forces de terre ou de mer le même esprit d'initiative exagérée qui domine toute leur réorganisation politique, administrative et économique. Au lieu de créer un tout homogène, adapté à leurs besoins propres comme aux exigences du milieu, ils se sont bornés à faire une copie plus ou moins réussie des institutions militaires qu'ils considèraient comme préférables. L'avenir dira si cette tâche, assurément difficile, a été accomplie d'une façon satisfaisante.

La présence au Japon, pendant plusieurs années, d'une mission militaire française avait fait de cette armée un *fac-simile* de la nôtre. Mais le dernier de nos officiers a été rappelé en 1889 ; depuis 1890 nous n'avons même plus d'attaché militaire à Tokio ; les Allemands ont réussi à substituer leur influence et leurs officiers aux nôtres. Toutefois cette substitution n'est sans doute que temporaire, et le but des Japonais paraît être de se passer le plus tôt possible de tout instructeur européen. On ne saurait leur en faire un crime;

il reste à savoir si leur éducation militaire est suffisamment avancée pour cela.

L'armée japonaise actuelle date de 1868 et fut, à l'origine, formée de samouraï fournis par les divers clans. La première loi régulière de recrutement, calquée sur la loi française de 1867, date de 1875. Trois autres l'ont suivie, celles des 27 octobre 1879, 28 décembre 1883 et 21 janvier 1889. On voit que la stabilité n'a pas été la qualité principale de l'organisation japonaise.

D'après la loi de recrutement actuellement en vigueur, le service militaire est obligatoire et personnel ; le nombre des exemptions, quoiqu'il soit encore considérable, a été sensiblement réduit. Le volontariat d'un an est admis pour tous les jeunes gens pourvus des diplômes de certaines écoles.

Le service commence du 20 avril au 1er mai de chaque année, et la classe annuelle comprend tous les jeunes gens qui ont atteint leur vingtième année au 1er janvier précédent. Un tirage au sort désigne ceux qui, étant physiquement aptes au service et ne pouvant faire valoir aucune exemption, doivent entrer dans l'armée active. Ils y passent trois ans et comptent ensuite pour quatre ans dans la première réserve, ou réserve de l'armée active. Puis ils passent cinq ans dans la deuxième réserve et demeurent enfin huit ans dans l'armée territoriale.

Comme nous l'avons dit, les exemptions sont nombreuses : elles sont attribuées aux soutiens de famille, aux prêtres, aux professeurs des écoles du gouvernement à l'exclusion des instituteurs primaires, aux élèves de certaines écoles ou de l'université, aux ouvriers des établissements de la guerre ou de la marine, aux élèves que le Japon entretient à l'étranger, etc.

Outre les jeunes gens sortis de l'armée active, la première réserve se compose : 1° de ceux qui ont obtenu les plus hauts numéros de tirage et pour ce motif n'ont pas été appelés; 2° des hommes ayant obtenu des numéros inférieurs et ayant été maintenus pendant un an à la disponibilité du Ministre pour combler les vides survenus parmi les recrues; 3° de certaines catégories de dispensés, entrés directement dans la réserve.

En principe, les réservistes de 1re classe sont assujettis à deux appels annuels : l'un d'un jour au plus, pour une revue; l'autre, en principe de soixante jours au plus (trente jours dans la réalité), pour une période d'instruction.

En outre, la 1re réserve peut être convoquée à tout instant, selon les besoins. Si la réserve de recrutement est insuffisante, les réservistes peuvent être appelés à combler les vides survenus parmi les recrues.

La 2e réserve comprend : 1° les hommes sortis de la 1re réserve; 2° certaines catégories de dispensés entrant directement dans la 2e réserve. En principe, les appels annuels y sont les mêmes que pour la 1re réserve; mais des raisons d'économie se sont opposées jusqu'ici à l'exécution de ces prescriptions.

Enfin, l'armée territoriale comprend : 1° tous les jeunes gens aptes au service et âgés de 17 à 20 ans; 2° tous ceux sortis de la 2e réserve et âgés de 32 à 40 ans.

La durée du service militaire pour chacune des catégories des appelés est indiquée dans le tableau suivant, établi d'après l'ouvrage déjà cité de M. le capitaine de Villaret :

1° Jeunes gens valides, ne pouvant faire valoir aucun cas d'exemption et ayant obtenu les numéros de tirage les moins élevés :

Armée active : de 20 à 23 ans, trois ans;

1re réserve : de 23 à 27 ans, quatre ans;

2e réserve : de 27 à 32 ans, cinq ans;

Armée territoriale : de 17 à 20 ans et de 32 à 40 ans, onze ans;

2° Jeunes gens placés dans les mêmes conditions, mais ayant des numéros plus élevés :

A la disposition (réserve de recrutement) : de 20 à 21 ans, un an·

1re réserve : de 21 à 27 ans, six ans;

2e réserve : de 27 à 32 ans, cinq ans;

Armée territoriale : de 17 à 20 ans et de 32 à 40 ans, onze ans;

3° Jeunes gens ayant obtenu les numéros les plus élevés ou ayant été exemptés pour des motifs secondaires :

1re réserve : de 20 à 27 ans, sept ans;

2e réserve : de 27 à 32 ans, cinq ans;

Armée territoriale : de 17 à 20 ans et de 32 à 40 ans, onze ans;

4° Jeunes gens exemptés pour des raisons majeures :

2e réserve : de 20 à 32 ans, douze ans;

Armée territoriale : de 17 à 20 ans et de 32 à 40 ans, onze ans.

En 1885, la première application de la loi de 1883 a donné pour l'armée de terre les résultats suivants :

Sur 18.470,276 habitants mâles, 341,355 jeunes gens avaient atteint 20 ans;

52,796 furent exemptés;

121,247 furent ajournés;

167,312 reconnus aptes au service et non exemptés tirèrent au sort. La moitié environ, 70,000, fut incorporée dans l'armée active ou dans sa réserve de recrutement.

Nous dirons plus loin quelle a été la répartition de la portion de la classe 1891 versée dans l'armée active.

En résumé, on voit que cette loi de recrutement présente un défaut capital : celui de laisser en dehors de toute instruction militaire sérieuse la plus grande partie du contingent.

Il en résulte que le Japon disposerait, en cas de grande guerre, d'un nombre total d'hommes instruits de beaucoup inférieur à ce que le chiffre de sa population semblerait indiquer.

IV

Organisation de l'armée.

Le *ministère de la guerre* comprend cinq divisions et le cabinet du Ministre.

Les cinq divisions sont :

1° Celle des affaires générales, dont les attributions s'étendent à la correspondance générale, au recrutement, aux écoles, à la législation militaire, aux récompenses, aux archives, aux publications et traductions;

La 2e division s'occupe de l'infanterie et de la cavalerie;

La 3e, de l'artillerie ;

La 4e, du génie;

La 5e, de l'intendance.

Le Ministre est un général de division auquel est adjoint un général de brigade. En 1887, l'effectif du personnel du ministère s'élevait à 4 officiers généraux, 31 officiers supérieurs, 114 officiers subalternes, 61 sous-officiers et 11 soldats; total, 221 hommes.

De même qu'en Allemagne, l'état-major général est entièrement distinct du ministère de la guerre. Comme l'inspection générale permanente, dont nous parlerons plus loin, il fait partie des *services centraux,* par opposition aux états-majors de divisions et de brigades qui constituent les services locaux.

Il a pour chef un général de division, assisté d'un général de brigade, sous-chef, d'un colonel ou lieutenant-colonel et de trois lieutenants remplissant les fonctions d'adjudant, et de cinq sous-lieutenants ou assimilés, attachés au cabinet du chef d'état-major.

D'après l'ordonnance du 1er novembre 1890, le total des officiers ou assimilés de l'état-major général s'élève à 39. Les trois attachés militaires que le Japon entretient à l'étranger sont compris dans ce chiffre.

L'état-major général comprend : le cabinet du chef d'état-major, les 1er et 2e bureaux, la section de rédaction. Il a des attributions analogues à celle de notre état-major de l'armée ; toutefois, le service topographique constitue un organe distinct.

L'inspection générale permaneent est dirigée par un général de division, qui a sous ses ordres un colonel, chef du service d'état-major ; un général de brigade, inspecteur général des écoles ; quatre colonels, inspecteurs généraux de la cavalerie, de l'artillerie de campagne, de l'artillerie de forteresse, du génie ; un lieutenant-colonel inspecteur général du train. Le total des officiers employés à ces divers services s'élève à 24.

Le Japon est partagé en six divisions territoriales correspondant chacune à une division d'infanterie de la ligne ; l'île d'Ezo constitue un 7e commandement, pourvu d'une organisation spéciale.

Il existe en outre une division de la garde, à laquelle ne correspond aucune circonscription territoriale.

Au 31 décembre 1887, la population de chacune des sept régions était la suivante :

1re région	8.071.429
2e —	5.755.703
3e —	6.479.776
4e —	6.533.758
5e —	6.056.555
6e —	5.922.210
Ezo	309.121
TOTAL	39.128.552

La division d'infanterie constitue la base de l'organisation militaire du Japon. Outre quatre régiments de cette arme, elle comprend trois escadrons de cavalerie (une division), un régiment d'artillerie de campagne et de montagne, un bataillon du génie et un bataillon du train.

Nous allons résumer l'organisation des divers états-majors et des différentes armes, telle qu'elle résulte de l'ordonnance impériale du 1er novembre 1890 et de la loi du 14 septembre 1891.

La division de la garde, dont le quartier général est à Tokio, a pour chef un général de division. Son état-major est représenté par un colonel, chef d'état-major, et douze officiers et assimilés, parmi lesquels on remarque un officier d'administration, un médecin chef du service médical et un vétérinaire, également chef de service.

Les six divisions territoriales ont pour chefs-lieux Tokio, Sendaï, Nagoya, Ozaka, Hiroshima, Koumamoto. A chacune correspond une division d'infanterie dont le chef est un général de division et dont l'état-major se compose d'un colonel, chef d'état-major, d'un commandant, chef de l'*adjudantur*, de deux officiers d'administration, de quatre juges permanents, d'un médecin en chef, d'un vétérinaire en chef; soit au total, de dix-huit officiers.

On voit que l'organisation des états-majors japonais se ressent beaucoup de l'influence allemande.

Chaque division territoriale comprend deux subdivisions qui correspondent à deux brigades d'infanterie.

L'état-major d'une brigade de la garde ou de la ligne se compose d'un général de brigade et de deux adjudants (un capitaine et un lieutenant). Le général commande en même temps la subdivision territoriale correspondante. Le tableau ci-après résume la composition des divisions et des brigades, l'emplacement des quartiers généraux, ainsi que les garnisons des corps de toutes armes.

Quant aux états-majors et aux corps de la garde impériale, ils sont tous stationnés à Tokio.

Il est bon d'ajouter que la garde seule est recrutée sur tout l'empire. Les troupes de ligne tirent leur recrutement de la division territoriale où elles sont stationnées.

Chaque subdivision territoriale comprend quatre *arrondissements militaires.*

Les opérations du recrutement, l'administration des réserves sont confiées à des *bureaux de recrutement* analogues aux nôtres. Il en existe un pour chacun de ces quarante-huit arrondissements ; leur cadre se compose de deux officiers, dont un lieutenant-colonel ou un commandant. Un

NUMÉROS des DIVISIONS.	N°s des brigades.	EMPLACEMENTS des états-majors.	N°s des régiments d'infanterie.	GARNISONS de L'INFANTERIE.	N°s des corps d'autres armes.	GARNISONS des ARMES SPÉCIALES
1re Tokio.	1re	Tokio.......	1er	Tokio	1er	Tokio.
			15e	Takasaki...		
	2e	Sakoura....	2e	Sakoura....		
			3e	Tokio		
2e Sendaï.	3e	Sendaï	4e	Sendaï	2e	Sendaï.
			16e	Shibata.....		
	4e	Aomori.....	5e	Aomori.....		
			17e	Sendaï......		
3e Nagoya.	5e	Nagoya.....	6e	Nagoya.....	3e	Nagoya.
			18e	Toyohashi..		
	6e	Kanazawa..	7e	Kanazawa..		
			19e	Nagoya.....		
4e Ozaka.	7e	Ozaka......	8e	Ozaka......	4e	Ozaka.
			9e	Otsou		
	8e	Himeji	10e	Himeji		
			20e	Ozaka......		
5e Hiroshima.	9e	Hiroshima..	11e	Hiroshima..	5e	Hiroshima.
			21e	Hiroshima..		
	10e	Matsouyama	12e	Matsouyama		
			22e	Marougam..		
6e Koumamoto	11e	Koumamoto	13e	Koumamoto.	6e	Koumamoto
			23e	Koumamoto.		
	12e	Kokoura....	14e	Kokoura....		
			24e	Foukouoka .		

bureau analogue correspond à chaque corps de milice insulaire. Le commandant de ce dernier cumule en même temps les fonctions de chef du bureau de recrutement.

La *colonie militaire du Hokkaïdo,* dans l'île d'Ezo, la plus importante de ces milices, possède un état-major spécial : un général de brigade, un colonel commandant en second, un lieutenant-colonel, officier d'état-major, et des chefs de service (adjudantur, administration, justice, santé). Le total des officiers ou assimilés de cet état-major s'élève à 17.

L'*état-major de la gendarmerie,* dont le siège est à Tokio, est représenté par un colonel, commandant, et trois officiers subalternes.

Quoique les états-majors des divisions comportent un certain nombre d'officiers d'administration, il existe, pour chacune, un service spécial de l'intendance.

Dans la division de la garde, un intendant, du grade de colonel ou de lieutenant-colonel, est chef de service. Il a sous ses ordres 3 officiers de l'intendance, 10 officiers d'administration et 18 sous-officiers.

Dans la ligne, ce cadre est moins fortement constitué : 1 colonel ou lieutenant-colonel, intendant, 3 officiers de l'intendance, 7 officiers d'administration et 15 sous-officiers.

Enfin, la colonie du Hokkaïdo possède également son service spécial de l'intendance.

Il existe trois *directions d'artillerie,* l'une à Tokio, l'autre à Osaka et la troisième à Simonoseki ; toutes sont placées sous les ordres d'un colonel ou d'un lieutenant-colonel. Elles ont des *succursales* aux sièges des états-majors des divisions de ligne ou de l'artillerie de forteresse, et des magasins auprès des états-majors de brigade. Des succursales et des magasins peuvent être installés dans d'autres lieux de garnison.

Les *directions du génie,* également au nombre de trois, sont placées dans les mêmes villes ; elles ont des succursales auprès des états-majors de l'artillerie de forteresse et dans les places importantes.

Parmi les comités ou établissements qui dépendent directement du Ministre de la guerre, on distingue les *comités permanents* de l'artillerie, du génie, du service de santé, la commission permanente d'examen des écoles militaires, le service topographique, les arsenaux militaires, les dépôts d'élevage au nombre de cinq, l'hôpital vétérinaire, le service central d'administration, les magasins d'habillement, etc.

L'*armée active* comprend 28 régiments d'infanterie, dont 4 faisant partie de la garde et 24 de la ligne; le *régiment de la garde* est à deux bataillons; son effectif du pied de paix est de 1,655 hommes (dont 48 officiers, 2 officiers d'administration, 4 médecins, 125 sous-officiers, 1,440 soldats répartis en trois classes), et 11 chevaux.

Le *régiment de ligne* est à trois bataillons; son effectif de paix est de 1,721 hommes (dont 70 officiers, 3 officiers d'administration, 6 médecins, 160 sous-officiers, 1,440 soldats) et 14 chevaux.

Le bataillon japonais est à quatre compagnies; le régiment est sous les ordres d'un colonel ou d'un lieutenant-colonel, auquel est adjoint un capitaine *adjudant;* le commandant du bataillon a un lieutenant pour adjudant. Les capitaines de compagnie ne sont pas montés.

La *cavalerie* de l'armée active est représentée par sept *divisions* de trois escadrons : l'une de la garde, et les six autres de la ligne. La division est sous les ordres d'un lieutenant-colonel ou d'un commandant, dont l'adjudant est un lieutenant; chacun de ces trois escadrons possède 5 officiers (1 capitaine, 2 lieutenants, 2 sous-lieutenants). En temps de paix, l'effectif total de la division est de 18 officiers, 1 officier d'administration, 2 médecins, 2 vétérinaires, 48 sous-officiers, 387 cavaliers; soit, au total, 512 hommes et 462 chevaux, en y comprenant un certain nombre de secrétaires et d'ouvriers.

L'*artillerie de campagne* compte un régiment de la garde et six de la ligne. Le premier, fort de deux divisions, chacune de deux batteries, est sous les ordres d'un colonel ou d'un lieutenant-colonel et comporte un effectif de 21 officiers, 2 officiers d'administration, 2 médecins, 2 vétérinaires, 64 sous-officiers, 188 soldats ; au total, 493 hommes et 294 chevaux, y compris un certain nombre d'ouvriers, etc.

Le *régiment de la ligne* est à 3 divisions de 2 batteries-2 divisions d'artillerie de campagne et 1 de montagne. Comme la plupart des autres corps de l'armée, il est commandé indistinctement par un colonel ou un lieutenant colonel et comporte 34 officiers, 3 officiers d'administration, 3 médecins, 2 vétérinaires, 83 sous-officiers et 576 soldats ; au total, 725 hommes et 311 chevaux.

L'*artillerie de forteresse,* qui fait partie tout entière de la ligne, compte 4 régiments de 3 divisions ; en principe, celles-ci ont chacune 4 batteries. Mais le nombre des divisions ou des batteries peut varier selon l'importance des places à desservir. Cette disposition serait utilement appliquée ailleurs qu'au Japon.

Le régiment de forteresse, commandé par un colonel ou un lieutenant-colonel, a un effectif de 70 officiers, 3 officiers d'administration, 3 médecins, 164 sous-officiers et 1,404 soldats ; au total, 1,686 hommes et 10 chevaux.

Le *génie* est fort de 7 bataillons, 1 de la garde et 6 de la ligne, correspondant chacun à une division d'infanterie.

Le *bataillon de la garde* est à 2 compagnies, (13 officiers, 1 officier d'administration, 2 médecins, 33 sous-officiers, 220 soldats ; au total, 280 hommes et 14 chevaux).

Le *bataillon de la ligne,* à 3 compagnies, compte 18 officiers, 44 sous-officiers, 330 soldats. Son effectif total est de 408 hommes et de 19 chevaux).

Le *train* est fort de 7 bataillons de 2 compagnies. Le

bataillon de la garde compte 13 officiers, 1 officier d'administration, 2 médecins, 2 vétérinaires, 42 sous-officiers, 240 soldats; total, 470 hommes, 240 chevaux.

L'effectif de chacun des six bataillons de la ligne est plus considérable : 13 officiers, 1 officier d'administration, 2 médecins, 2 vétérinaires, 42 sous-officiers, 540 soldats; au total : 612 hommes et 298 chevaux.

Quant à la composition du parc affecté à chaque bataillon, elle n'est pas encore définitivement arrêtée : elle comporte 3 officiers et 11 sous-officiers, plus un nombre indéterminé d'ouvriers.

L'armée active japonaise comprend encore deux *corps de musique militaire,* l'un de la garde et l'autre de la ligne; chacun, sous les ordres d'un chef et d'un sous-chef de musique, a un effectif total de 52 musiciens.

La milice insulaire de Tsoushima (1) et la colonie militaire du Hokkaïdo sont également rattachées à l'armée active.

La *milice insulaire de Tsoushima* (1) comprend un état-major et deux corps, l'un d'infanterie, l'autre d'artillerie ; l'état-major est fort de 37 hommes et 2 chevaux, dont 1 lieutenant-colonel ou commandant, 1 lieutenant adjudant, 1 officier d'administration, 3 médecins ; le corps d'infanterie compte 102 hommes, dont 4 officiers, et celui d'artillerie, 122 hommes, dont 5 officiers.

La *colonie militaire du Hokkaïdo* est forte de 4 bataillons

---

(1) Le groupe de Tsoushima est composé de deux îles situées au nord-est de l'île Kioushiou, l'une des quatre grandes îles qui constituent le Japon proprement dit ; leur situation entre la Corée et le Japon leur donne une réelle importance, et, en 1861, les Russes furent sur le point de les annexer.

La colonie militaire du Hokkaïdo est établie dans l'île d'Ezo, la plus élevée vers le nord des quatre grandes îles japonaises. Une partie est encore habitée par des tribus autochtones, les Aïnos, à peine soumises aux Japonais. On a souvent prêté aux Russes, déjà maîtres de l'île Saghalien, des vues sur Ezo.

d'infanterie, 1 corps de cavalerie, 1 corps d'artillerie et 1 corps du génie.

Chacun de ses bataillons comporte un état-major et 2 à 6 compagnies recrutées parmi les hommes de l'armée active et de la réserve; l'état-major est de 2 officiers, 1 officier d'administration, 4 médecins; au total : 17 hommes et 3 chevaux ; la compagnie compte 221 ou 203 hommes, selon qu'elle appartient à l'armée active ou à sa réserve.

Le *corps de cavalerie* du Hokkaïdo est fort de 143 hommes et 136 chevaux de l'armée active et de 160 hommes, avec 160 chevaux, de la réserve. Il y a un cadre permanent de 5 officiers, 1 médecin, 1 vétérinaire et 19 sous-officiers.

Le *corps d'artillerie* compte 113 hommes et 29 chevaux de l'armée active, 120 hommes et 33 chevaux du service de la réserve ; son cadre permanent est de 4 officiers, 1 médecin, 1 vétérinaire, 15 sous-officiers.

Enfin, le *corps du génie,* 109 hommes, 4 chevaux de l'armée active, 120 hommes de la réserve, a un cadre permanent de 4 officiers et d'un médecin.

La *gendarmerie japonaise* est organisée en six légions, comprenant chacune un état-major et plusieurs brigades; son effectif total est de 50 officiers ou assimilés, 234 sous-officiers, 800 soldats d'élite et 141 chevaux.

V

Recrutement des officiers. — Écoles militaires.

La création de l'armée japonaise actuelle date des premières années qui suivirent la restauration dont nous avons parlé. Il est naturel que les officiers nommés à cette époque aient eu les origines les plus diverses; cependant tous appartenaient à la caste des Samouraï. Dès que les circonstances le permirent, on s'occupa d'organiser leur recrutement sur des bases plus sérieuses. On créa une école spéciale militaire qui fonctionna successivement à Ozaka et à Tokio, et dont l'enseignement demeura longtemps sous la direction de notre mission militaire. Elle assurait et elle assure encore le recrutement d'une grande partie des officiers de toutes armes.

En présence de l'étendue des besoins à satisfaire, on fut en outre amené à recourir aux sous-officiers pour le recrutement des officiers. Enfin, l'empereur nommait parfois d'emblée, en récompense d'un service rendu et à un grade plus ou moins élevé, des employés civils faisant preuve de certaines connaissances militaires.

En somme, les officiers japonais appartiennent à quatre catégories :

1° Les anciens Samouraï ayant fait partie des armées provinciales des daïmio, et maintenus dans leur grade au moment de la réorganisation. Ils occupent en ce moment les plus hauts grades;

2° Les officiers sortis de l'école militaire;

3° Les officiers provenant des sous-officiers;

4° Les anciens fonctionnaires civils.

Cette variété d'origine, assurément très fâcheuse, tend à

disparaître, et tous les officiers récemment promus proviennent, soit de l'Ecole spéciale militaire, soit des écoles de sous-officiers.

Ce dernier mode de recrutement donne de médiocres résultats et on a l'intention d'y renoncer aussitôt que possible.

Quant à l'organisation des écoles dont on va donner la liste, elle fut calquée à l'origine sur celle de nos établissements militaires d'instruction. Aujourd'hui, l'orientation politique du Japon a changé ; soutenue par des Ministres qui lui sont inféodés, l'Allemagne domine en maîtresse au Japon. Les Japonais ont pris pour modèles les écoles allemandes, souvent jusque dans les moindres détails.

Les *Ecoles militaires* du Japon sont très nombreuses, comme le montre l'énumération qui suit :

L'*Ecole de guerre,* sous la direction d'un colonel, comporte un cadre de 6 officiers ou assimilés, 34 professeurs dont 12 civils et 60 élèves ; elle ne reçoit que des lieutenants ayant servi deux ans dans l'infanterie ou la cavalerie et un an dans les armes spéciales. La limite d'âge est de 30 ans, la durée des cours est de deux ans.

L'*Ecole d'application d'artillerie et du génie,* dirigée par un colonel, a un cadre de 19 officiers et de 16 professeurs ou ingénieurs civils, avec 60 élèves.

L'*Ecole spéciale militaire*, également sous les ordres d'un colonel, comporte 64 officiers ou assimilés, 6 professeurs civils et 58 sous-officiers ou employés civils, pour un total de 464 candidats officiers. La durée de ses cours est de trois ou quatre ans, selon les armes ; la limite d'âge pour l'admission est de 24 ans.

L'*Ecole préparatoire militaire,* analogue à notre prytanée et commandée par un lieutenant-colonel, possède un cadre de 20 officiers ou assimilés, 17 professeurs civils, 38 sous-officiers ou assimilés et 225 élèves. La durée de ses cours est de trois ans, après lesquels ses élèves concourent pour l'école militaire.

L'*Ecole d'infanterie,* sous les ordres d'un colonel, compte 36 officiers ou assimilés, 106 cadets sous-officiers et 640 soldats, ces derniers détachés de la garnison de Tokio. Elle fournit à l'infanterie un certain nombre d'officiers sortis du rang.

L'*Ecole de cavalerie,* commandée par un colonel ou un lieutenant-colonel, a un cadre de 16 officiers ou assimilés et de 13 sous-officiers, pour 21 élèves officiers et 144 chevaux, ceux d'officiers non compris. Avec l'Ecole spéciale militaire, elle concour à assurer le recrutement des officiers de cavalerie.

L'*Ecole de tir de l'artillerie* compte 12 officiers ou assimilés et 124 hommes de troupe.

L'*Ecole provisoire pour le recrutement des cadres de l'artillerie de forteresse* possède un cadre de 12 officiers ou assimilés pour 25 officiers élèves.

L'*Ecole d'administration militaire* possède un cadre de 13 officiers ou professeurs pour 42 élèves d'intendance ou d'administration;

L'*Ecole de médecine militaire* possède un cadre de 6 officiers pour 23 médecins stagiaires et 49 élèves médecins.

L'*Ecole des sous-officiers* compte 52 officiers ou assimilés, 203 sous-officiers, 25 soldats du cadre permanent et 1,096 élèves; elle fournit la plus grande partie des sous-officiers de l'armée. On y entre par voie de concours. Les candidats doivent être âgés de 18 à 25 ans, être célibataires et présenter les conditions nécessaires d'aptitude physique et d'honorabilité. La durée des cours est de quatorze mois pour l'infanterie.

L'*Ecole des sous-officiers techniques de l'artillerie* a un cadre permanent de 7 officiers ou assimilés, 16 sous-officiers, 2 soldats, pour 144 élèves divisés en deux catégories.

La liste déjà si longue des établissements militaires

d'instruction du Japon comporte encore une *Ecole de maréchalerie,* une *Ecole de chefs ouvriers d'habillement* et une *Ecole de musique.*

La *hiérarchie* des officiers est celle des nôtres. La loi sur l'état des officiers et celle sur l'avancement sont également empruntées à notre législation.

Quant aux distinctions honorifiques, elles se bornent aux huit classes de l'ordre du Soleil-Levant. Les deux plus basses sont réservées aux hommes de troupe.

VI

Armement. — Tenue. — Moral.

L'infanterie japonaise est armée du fusil Mourata, du calibre de 11 millimètres, dont la construction participe du Gras, du Beaumont et du Mauser. Il est fabriqué au Japon même, avec des aciers européens. On peut le considérer comme équivalant aux meilleures armes de ce calibre qui existent encore en Europe.

La carabine de cavalerie est du même système.

La sabre de cavalerie est analogue à celui de notre cavalerie légère.

Les pièces de campagne, en bronze comprimé, sont du système Krupp, légèrement modifié. Elles sont fabriquées à Ozaka et leur calibre n'est que de 80 millimètres, ce qui permet de les faire atteler, au besoin, de quatre chevaux seulement. Cette considération a une importance particulière dans un pays montagneux comme le Japon, où les routes sont encore très peu nombreuses. La forte proportion de l'artillerie de montagne tient également à cette dernière circonstance. En l'absence de routes suffisantes, la plupart des transports devraient être effectués au moyen d'animaux de bât, et les ressources nécessaires font défaut.

En 1884, pour une population à peu près égale à celle de la France, le Japon n'avait, en effet, que 1,564,993 chevaux et 1,093,471 bœufs, tandis que chez nous, en 1866, il y avait 3,312,658 chevaux et 2,733,178 bœufs, c'est-à-dire plus du double. Aussi, le transport à dos d'hommes était-il de règle autrefois pour les Japonais ; mais il serait impossible d'y avoir recours avec des masses un peu nombreuses.

Le cheval japonais est petit, laid, têtu; il n'a rien d'un animal de sport, mais il est résistant, sobre et très propre au travail de bât auquel on l'emploie surtout. On a essayé, sans grand succès, de l'améliorer en le croisant avec des chevaux arabes ou hongrois. Il vient surtout d'Ezo, du nord et du centre de Hondo et de Kioushiou.

Enfin on importe au Japon un certain nombre de chevaux mongols, également de petite taille et de conformation vicieuse, mais d'une endurance particulière.

La *tenue* de l'armée japonaise rappelle à la fois celle de nos troupes et celle des Allemands.

Le moral d'une armée dépend, en grande partie, de la valeur de ses cadres. Nous avons dit que les officiers japonais appartiennent à l'ancienne classe des Samouraï. Ils ont une réputation de bravoure, ou mieux de mépris de la mort, qui est absolument justifiée. D'après M. de Villaret, ils se distinguent par une grande bonne volonté, par un désir passionné de s'instruire, qui tient plutôt, il est vrai, à la curiosité qu'au goût du travail. Mais leurs progrès sont entravés par le manque de persévérance, par une forte dose de vanité et de préjugés invétérés. En outre, ils ne reconnaissent pas une importance suffisante au maintien de la discipline. Enfin la politique joue trop souvent un rôle dans leur avancement.

Au Japon comme ailleurs, des officiers de tous grades, ceux du rang le plus élevé sont souvent le moins à hauteur de leur situation : les circonstances l'expliquent aisément. On ne peut, du jour au lendemain, s'initier à la masse de connaissances, d'expérience, d'acquis de tout genre que nécessite un grade supérieur dans une armée moderne. Il faudra sans doute des années pour que les anciens élèves des écoles militaires japonaises, après avoir subi l'indispensable initiation des divers grades, parviennent à remplir d'une façon tout à fait satisfaisante la tâche imposée aux plus élevés.

Le Japonais du peuple n'a pas l'esprit militaire, mais il est extrêmement dur à la fatigue, patient, sobre, courageux, naturellement gai et insouciant, soumis. Sous une bonne direction, il vaudrait les meilleures troupes européennes. Mais son apparence n'a rien de militaire, ni même de flatteur à l'œil, d'autant plus qu'on l'a affublé, par un besoin exagéré d'imitation, d'uniformes de coupe européenne, aussi éloignés que possible de ses traditions, de ses besoins et de ses goûts. Ce fait explique la création d'une *école de maîtres ouvriers de l'habillement,* qui peut paraître bizarre à première vue. Le résultat est aisé à prévoir : l'extérieur des troupes japonaises n'a rien de satisfaisant, et les Européens sont souvent désagréablement surpris à la vue de leurs uniformes décousus, déchirés ou malpropres. Mais elles valent mieux que l'apparence et, d'ailleurs, ce défaut est de ceux qui se corrigent aisément. En somme, au cas d'une guerre sérieuse, le Japon pourrait mettre sous les armes environ 100,000 hommes d'armée active, sans compter les dépôts et l'armée territoriale, qui n'est pas encore organisée. C'est plus qu'il ne lui est nécessaire, étant donnée sa situation insulaire. Si les circonstances viennent à se modifier plus tard et si, notamment, la puissance de la Chine ou de la Russie d'Asie augmente d'une façon inquiétante pour le Japon, les progrès naturels de son organisation militaire suffiront pour lui assurer un supplément de forces tout à fait appréciable. Il y a lieu aujourd'hui d'améliorer plutôt que de développer l'armée japonaise.

Pour terminer la première partie de cette notice, on donnera ci-après la répartition du contingent de la classe 1891, telle qu'elle résulte de l'ordonnance impériale du 29 mai 1891, et un aperçu du budget de la guerre pour 1886-1887.

Répartition du contingent de la classe de 1891.

DIVISIONS.		Infanterie.	Cavalerie.	Artillerie.	Génie.	TRAIN. Hommes montés.	TRAIN. Hommes à pied.	Tailleurs.	Cordonniers.	Matelots.	Chauffeurs.	TOTAL.
Armée	Garde impériale.	1.975	121	170	53	»	»	64	31	»	»	2.414
Armée	1re division	1.940	84	551	110	60	360	69	40	»	»	3.214
Armée	2e —	1.979	82	192	110	60	360	66	38	»	»	2.887
Armée	3e —	1.928	85	192	110	60	360	66	38	»	»	2.839
Armée	4e —	1.920	85	192	110	60	360	69	40	»	»	2.836
Armée	5e —	1.931	82	192	110	60	360	66	38	»	»	2.839
Armée	6e —	1.955	82	318	110	60	360	69	40	»	»	2.989
Marine........................		»	»	»	»	»	»	»	»	325	110	435
TOTAL GÉNÉRAL.......		13.628	621	1.802	713	360	2.160	469	265	325	110	20.453

OBSERVATION. — Les jeunes gens originaires des îles Tsoushima, devant tous le service actif, ne figurent pas sur cette liste.

Au 31 décembre 1887, l'effectif de l'armée active atteignait : 3,681 officiers, 57,766 hommes de troupe; soit, au total, 61,447 hommes. La réserve de cette armée comptait, en outre, 101,273 hommes, et l'armée territoriale, 44,939. Ces derniers chiffres ont subi depuis d'importantes modifications.

Quant au budget de la guerre, il est passé de 9,071,652 yen (1) en 1882-1883, à 12,000,000 yen en 1886-1887.

MARINE

I

Aperçu historique.

Au moyen âge, les marins japonais étaient célèbres. Ils parcouraient pacifiquement, pour les besoins de leur commerce, toutes les mers de l'Extrême-Orient, ou bien ils pillaient les bateaux marchands et s'enrôlaient parfois au service d'un daïmio, qui les payait pour ravager les terres de ses voisins.

La conformation des côtes japonaises, le grand nombre d'îles (3,850, dit-on), de baies, de rades qui s'y trouvent rendaient particulièrement aisé le métier de pirate. Certaines associations s'étaient formées parmi ceux du Japon; leur esprit de solidarité aidant, elles étaient devenues maîtresses de la mer Intérieure (2) et surtout des îles entre Shikokou et Hondo. Leurs jonques tenaient mal la mer, comme celles des Chinois d'aujourd'hui; mais leur tactique navale était relativement avancée; ils savaient combattre en ligne, en colonne, en échelon et faisaient usage des réserves. C'est grâce à cette situation florissante qu'à deux reprises, aux IIIe et XVIe siècles, des empereurs japonais purent transporter en Corée des armées assez nombreuses pour faire la con-

(1) Valeur nominale du yen, 5 francs.

(2) On nomme mer Intérieure l'espace compris entre l'île de Hondo et celles de Kiou-Siou et de Shikokou.

quête de ce pays. Pareil effort serait difficile pour les Japonais d'aujourd'hui.

Ainsi, jusqu'au XVIIe siècle, la marine japonaise était puissante, ses équipages audacieux et nombreux. A cette époque survinrent la fermeture du pays aux étrangers et l'interdiction d'en sortir pour les nationaux. Peu après, les constructions navales se restreignirent; on se borna à la navigation côtière et l'esprit d'entreprise, l'audace des forbans japonais d'autrefois disparurent entièrement.

Malgré la situation si avantageuse du Japon au point de vue maritime, ce fut plusieurs années seulement après la Restauration que le gouvernement du mikado songea à organiser une marine militaire. Les premiers embryons de celle-ci furent quelques bâtiments appartenant à des daïmio du Sud ou de l'Ouest, et que ces derniers mirent au service de l'empereur. Les équipages provenaient d'une catégorie spéciale d'habitants des côtes; ils avaient une situation sociale analogue à celle des samouraï.

Le gouvernement eut ensuite recours à des engagements volontaires de sept ans pour le recrutement de la marine impériale. Depuis, cette pratique a été abandonnée en partie, et la loi de recrutement actuelle vise l'armée de mer comme celle de terre. Les dépenses entraînées par la marine se sont d'ailleurs beaucoup accrues ces dernières années. De 15,508,230 francs en 1880-1881, elles ont atteint 63,121,258 en 1888-1889. Quant aux effectifs des équipages, ils ont augmenté dans des proportions analogues. De 5,650 hommes au 1er janvier 1883, dont 3,400 marins proprement dits, ils ont atteint près de 10,000, dont 7,000 marins en 1885 (1).

---

(1) D'après l'ouvrage de M. de Villaret. M. le lieutenant de vaisseau Buchard dit 4,365 sous-officiers ou marins seulement (*Marines étrangères*, 1891). Mais ces chiffres paraissent beaucoup trop faibles.

II

Organisation. — Personnel.

Le Japon est divisé en deux amirautés, dépendant toutes deux d'un ministère dont le siège est à Tokio.

L'*Amirauté de l'Est* comprend le Hokkaïdo et la partie nord-est du royaume, qui s'étend sur la mer du Japon jusqu'à la pointe de Noto et sur le Pacifique jusqu'à la pointe de Sino-Misaki ou Oushima; son siège est à Yokohama.

2° L'*Amirauté de l'ouest* comprend tout le reste du Japon; son siège est à Miwora (île de Hondo), sur la mer Intérieure.

Les principaux *établissements* de la marine sont :

L'arsenal de Yokoska, dans la baie d'Yeddo, fondé par les Français en 1867;

La poudrerie de Mita-Moura, près de Tokio;

Les magasins et les dépôts de Tsoushima, Nagasaki, Kobe, etc;

L'école navale de Tokio, récemment transportée à Kobe;

L'école des mécaniciens de Yokoska.

La marine possède dix mines de charbon situées dans l'île de Kiou-Siou, province de Hizen.

Comme dans l'armée de terre, la loi sur l'état des officiers est calquée sur notre loi de 1834. Les officiers peuvent être placés dans quatre positions :

Armée active;
1re réserve;
2e réserve;
Retraite.

Ceux appartenant à la 1re réserve ont quitté l'armée, pour

une raison quelconque, avant d'avoir atteint la limite d'âge.

Ceux de la 2e réserve ont, au contraire, été atteints par cette limite. Ils passent dans la réserve un temps fixé et prennent ensuite leur retraite.

Les officiers de la marine japonaise sont divisés en officiers de vaisseau et officiers auxiliaires. Les échelons de leur hiérarchie sont les mêmes qu'en France, avec cette différence qu'il existe chez eux des capitaines de corvette (*chô-sa*), grade assimilé à celui de chef de bataillon et maladroitement supprimé chez nous; il y a, en outre, deux *rangs* de lieutenant de vaisseau, eux-mêmes divisés en deux classes.

Le recrutement des officiers s'opère :

1° Par l'académie navale ;

2° Par une école navale étrangère ;

3° Par les premiers maîtres, après examen (par exception) ;

4° Par l'Ecole des capitaines au long cours de Tokio.

Les *corps auxiliaires* comprennent des ingénieurs, des mécaniciens, des médecins, des commissaires. Tous ces corps rappellent plus ou moins ceux qui remplissent des fonctions analogues dans notre marine.

Les *équipages de la flotte* se recrutent :

1° Par voie d'engagements volontaires de sept ou de neuf ans ;

2° Par prélèvements sur le contingent annuel.

Les rengagements sont autorisés.

En 1891, le prélèvement sur le contingent actuel a été de 325 marins et de 110 chauffeurs.

Pour les recrues provenant du contingent, la durée du service est de quatre ans; les marins libérés sont versés dans la deuxième réserve de l'armée de terre. On prête en outre au gouvernement japonais l'intention d'appliquer prochainement le système de notre inscription maritime. Tout individu exerçant un métier touchant aux choses de la mer devrait le service à bord de 18 à 45 ans.

Il existe un embryon de *troupes de la marine :* 1 compagnie d'artilleurs (4 officiers et 100 hommes de troupe); 1 bataillon d'infanterie (300 hommes).

III

Matériel.

D'après l'ouvrage de M. le lieutenant de vaisseau Buchard, la marine japonaise aurait compris, en 1891 :

1 cuirassé de 2e rang : *Fouso-Kan*, datant de 1877 ;

3 cuirassés de 3e rang : *Riou-yio-Kan* (1865), *Kongo-Kan* (1877), *Hiei-Kan* (1877) ;

1 monitor cuirassé : *Azouma-Kan* (1864) ;

3 croiseurs protégés : *Naniwa* (1885), *Takatchiho* (1885), *Tsoukoushi* (1883) ;

3 corvettes : *Katsouragi* (1885), *Mousashi* (1886), *Yamato* (1885) ;

4 croiseurs de 3e rang : *Ni-shin Kan* (1869), *Kassouga-Kan* (1863), *Kaï-mon-Kan* (1882), *Ten-rin-Kan* (1884) ;

2 avisos : *Seï-ki-Kan* (1875) et *Amaki-Kan* (1877) ;

6 canonnières : *Moskoun-Kan* (1867), *Ho-sio-Kan* (1868), *Teï-bo-Kan* (1876), *Kaï-den-Kan* (1850), *Iwaki-Kan* (1878), *Tyoda-gata-Kan* (1863).

8 bâtiments à voiles, yachts, etc., 26 torpilleurs et transports complètent ces forces navales, plus respectables par le nombre que par leur valeur tactique. En effet, la plupart des bâtiments qui précèdent sont en bois et de modèles absolument démodés. On pourrait leur appliquer l'épithète de *rossignols*, si l'argot était de mise en d'aussi graves matières.

Mais il y a dans toutes les marines, la nôtre comprise, des bâtiments plus dignes de figurer dans un musée d'architecture navale que dans une escadre. D'ailleurs, le Japon s'occupe activement de créer une véritable flotte ; il vient de lancer à Yokoska un croiseur de 3e classe, *Yayeama-Kan*, de 1,800 tonneaux, dont la vitesse prévue atteint 20 nœuds. Un grand croiseur, *Hashidate*, et deux navires de plus faible échantillon, *Oshima* et *Akitsoushima*, y sont également en construction. L'*Isoukoushima* et le *Matsoushima*, deux croiseurs semblables au *Hashidate*, et un croiseur torpilleur ont été lancés à La Seyne en 1889-1890; un croiseur, *Shioda-Kan*, de 2,400 tonneaux et d'une vitesse de 19 nœuds, a été construit en Angleterre. Enfin, la *Revue militaire de l'étranger* annonçait, en août 1891, que le gouvernement japonais avait soumis au Parlement un plan de constructions navales se résumant pas une dépense de 235 millions de francs.

Il s'agirait de construire 2 cuirassés de 9,500 tonnes, 3 croiseurs cuirassés de 6,000 tonnes, 1 croiseur protégé de 4,500 tonnes, 6 croiseurs de 1,500 à 3,500 tonnes, 9 avisos-torpilleurs de 500 tonnes. Si ce plan venait à être adopté, le Japon serait assuré de posséder en quelques années une flotte qui n'aurait à craindre aucun rival dans le Pacifique et les mers de Chine. Même l'Angleterre n'y entretient pas de forces navales aussi sérieuses.

En 1888, la marine marchande japonaise se composait de 814 bâtiments de forme européenne et de 16,427 jonques. Le nombre des bateaux de pêche n'était pas moindre de 490,000. Le Japon dispose donc, comme on peut s'y attendre d'après l'étendue de ses côtes, de toutes les ressources nécessaires pour créer à bref délai une marine imposante.

CONCLUSIONS

L'empire japonais subit, depuis plus de vingt ans, une transformation radicale dont les effets ne peuvent pas être encore complètement connus. Tout ce qui l'attachait au passé, cet ensemble de lois, de coutumes, de simples traditions, qui relie un peuple à ses origines les plus lointaines, tout cela a été brusquement rompu. Une nation, hier encore endormie d'un sommeil cataleptique, s'est tout à coup éveillée à des idées, à des mœurs, à toute une civilisation absolument nouvelle. A peine sortie de son repos séculaire, elle court aujourd'hui à un avenir que nul ne peut connaître.

Les progrès accomplis ont été considérables, du moins si l'on s'en tient à l'extérieur des choses; la rapidité de la transformation obtenue tient même du prodige. Mais beaucoup de ceux qui ont pu étudier dans ses détails la situation actuelle du peuple japonais ne sont pas dupes de ces apparences. Ils considèrent comme démontré que des institutions vieillies ont été renversées, souvent avec une légèreté trop grande, pour être remplacées par de véritables trompe-l'œil. Ni les finances, ni l'armée, ni la marine surtout ne sont dans un état satisfaisant. En somme, l'avenir du pays n'est rien moins qu'assuré.

Au point de vue moral, dit M. de Villaret, le mal est plus grand encore. La religion nationale, le *shintoïsme,* ou culte des ancêtres, n'existe plus. Le confucianisme et le bouddhisme, venus tous deux de Chine, n'ont plus qu'une faible influence ; le christianisme n'a qu'une existence nominale, malgré les efforts des missionnaires anglais et américains. Les idées d'honneur, de dévouement, de désintéressement, qui étaient l'apanage des classes supérieures et faisaient leur supériorité, ont été remplacées par la soif du bien-être, par le culte des intérêts matériels. L'âpre *struggle for life* a traversé le Pacifique pour atteindre le Japon ; il a introduit dans l'empire du Soleil-Levant, quelques-uns des défauts et des vices les plus choquants de la société américaine.

L'empereur n'a plus l'auréole mystérieuse dont l'entourait la crédulité populaire, Ce n'est plus un descendant des dieux, un être presque divin. L'idole est renversée, mais on n'a rien mis encore à sa place ; aujourd'hui, aucun idéal ne peut endiguer et diriger les volontés irréfléchies du peuple. Aussi, qu'adviendra-t-il de l'introduction du régime parlementaire dans un pays qui y était si peu préparé ? La première convocation du Parlement japonais a eu lieu en 1890, et le gouvernement s'est vu forcé de le dissoudre presque aussitôt. Des émeutes, des désordres de tout genre ont signalé les secondes élections. Les classes moyennes, brusquement appelées au pouvoir, n'ont pas su modérer leurs appétits. Bien loin de là, elles en ont abusé sans scrupules, et déjà on peut craindre que d'autres couches sociales ne viennent à leur tour réclamer une place au soleil. Tout fait prévoir pour le Japon une série de jours troublés, peut-être de révolutions.

Heureusement la situation insulaire de l'empire le met à peu près complètement à l'abri des tentatives de l'étranger. Si l'on néglige l'Australie, dont la puissance militaire est à peu près nulle et qui est encore sous la tutelle politique de l'Angleterre, le Japon n'a que trois voisins relativement rapprochés : la Chine, la Russie, les Etats-Unis. Tous trois sont beaucoup plus puissants que lui, mais leur force est surtout défensive, et, dans l'état actuel, le Japon aurait peu à redouter une expédition partie du golfe du Pé-tchi-li, de Vladivostock ou de San-Francisco. Cette situation, avantageuse aujourd'hui, le deviendra-t-elle moins dans l'avenir ?

En ce qui concerne la Chine, il ne parait pas que les Japonais aient beaucoup à la redouter. Sans doute les Chinois disposent maintenant d'une marine. Grâce à sa persévérance et à son énergie, le vice-roi Li-Hong-Tchang a su créer sur les côtes du Pé-tchi-li de véritables forces navales et militaires ; ses troupes, armées et instruites à l'européenne, valent infiniment mieux que les Tartares culbutés jadis au pont de Pa-li-Kao par le général Cousin-Montauban. Mais ces progrès ne s'étendent pas au reste de l'empire, et ils sont encore plus superficiels que ceux signalés par nous au Japon. Plus que jamais les Chinois gardent leur vénalité sans mesure, leur mépris grotesque de l'étranger, leur formalisme étroit et routinier; plus que jamais ils considèrent le métier des armes comme subalterne. Le *cedant arma togæ* s'étend chez eux beaucoup plus loin que nulle part au monde. D'ailleurs, leur organisme social est miné par des sociétés secrètes, par le paupérisme des multitudes qui grouillent sur les bords du Yang-tse ou du Hoang-Ho.

Elles ne savent plus où verser leur trop-plein depuis que les Etats-Unis et l'Australie se sont fermés à leur redoutable immigration. Il y a dans leurs bas-fonds tous les ferments d'une révolution sociale beaucoup plus grave que celle des Taïpings, qui faillit entraîner la chute de la dynastie mandchoue.

Les Anglais se sont parfois flattés de trouver dans les Chinois des alliés poussant le désintéressement jusqu'à la naïveté. Volontiers l'égoïsme britannique se serait accommodé de la coopération des Fils du Ciel, sous la condition que ceux-ci prendraient les risques et leur laisseraient les profits : c'eût été Bertrand et Raton mis une fois de plus en action. Mais nos voisins commencent à en rabattre, et le général Wolseley doit regretter les appréciations si flatteuses pour la race chinoise qu'il émettait naguère dans l'*United Service Magazine*. Pendant les émeutes récentes (1891), les Chinois n'ont fait aucune différence entre les Anglais et les autres *diables étrangers;* ailleurs, sur les frontières birmanes, ce sont des fonctionnaires et des commerçants chinois qui entretiennent soigneusement toutes les difficultés entre les peuplades indigènes et les Anglais. Ceux-ci reconnaissent, un peu tard, que les Chinois n'ont rien appris, ni rien oublié, et que faire fond sur eux serait pure duperie.

Ainsi la Chine ne paraît pas devoir être à craindre pour le Japon, du moins avant de longues années. La Russie pourrait l'être davantage, et à bref délai. Elle a déjà, à Vladivostock, une base qui serait aisément menaçante; une fois le Transsibérien construit, elle colonisera, sans doute, rapidement toute la partie de son immense empire qui avoisine l'Amour, et pèsera sur le Japon du poids de ses 120 millions d'habitants. L'empire du Soleil-Levant a donc un intérêt pressant à entretenir avec ses voisins du nord-ouest de bonnes relations d'amitié.

Les Etats-Unis sont actuellement dans une période de transformation. Après la crise terrible de la guerre de la Sécession, ils parurent abandonner toute idée guerrière pour se consacrer à l'industrie, à l'agriculture, au commerce.

Mais, malgré l'étendue de leurs plaies, ils en guérirent avec une facilité surprenante, et ils s'aperçurent alors que le système de l'isolement absolu est une chimère pour un grand peuple; qu'il est obligé de tenir compte des convoitises, des jalousies, de la concurrence des autres. De là à chercher les moyens de se faire respecter, il n'y avait qu'un pas, et il a été franchi. Depuis quelques années, la renaissance des forces navales et militaires des Etats-Unis est en voie d'accomplissement.

Il y a assurément peu d'exemples d'une marine tombée aussi bas que la marine fédérale et qui se soit aussi complètement relevée en peu d'années. Arsenaux de construction, usines à canon, fabriques d'acier, de plaques de cuirassement, d'armes de toutes espèces, tout cela a reparu dans un pays qui avait désappris les occupations guerrières. Si ce mouvement continue, comme on doit le prévoir, les Etats-Unis pourront jouer un rôle prépondérant dans le Pacifique.

Mais l'énormité des distances gardera le Japon de toute entreprise sérieuse de la part des Américains (1). Que l'on songe à la difficulté qu'éprouverait une nation européenne à envoyer une expédition de quelque importance de l'autre côté de l'Atlantique; elle serait encore bien plus grande s'il s'agissait de traverser l'immensité du Pacifique.

Ainsi, le Japon n'a aucun danger extérieur à redouter en ce moment; dans l'avenir, à part la Russie, il ne semble pas qu'il ait davantage à craindre.

Comme le dit M. de Villaret, une guerre d'invasion contre lui échouerait; des tentatives pour s'établir sur des points de ses côtes pourraient seules réussir assez aisément. Cette considération et la situation insulaire du pays, exceptionnellement avantageuse au point de vue défensif comme elle l'est pour le commerce, lui dictent clairement ses devoirs. Il doit chercher, avant tout, à développer sa marine militaire et marchande; il peut et doit faire de sa flotte la plus puissante du Pacifique.

Les Japonais assurent volontiers qu'ils sont les Anglais de l'Extrême-Orient, et cette comparaison s'explique à certains points de vue. Si, comme leurs congénères britanniques, ils n'ont pas d'immenses espaces à coloniser, des terres sans maîtres à conquérir, ils peuvent, du moins, tirer partie de la conformation physique de leur territoire, et faire de leurs ports les équivalents dans les mers de Chine ou le Pacifique de ceux des Anglais sur la Manche, la mer du Nord ou l'Atlantique.

---

(1) Il y a 2,980 milles marins de 1,806 mètres de Liverpool à New-York, et 4,750 de San-Francisco à Yokohama.

Le développement de l'armée japonaise semble réclamer moins d'attention de la part du gouvernement et du pays. Dans l'état actuel de l'Extrême-Orient, le Japon pourrait difficilement entreprendre une guerre de conquête. Vu les forces présentes de la Chine, une expédition en Corée ou à Formose serait d'un mince profit, tout en faisant courir des risques certains; par contre, aucune invasion ne menace en ce moment le territoire de l'empire. Les Japonais peuvent donc se borner à améliorer leurs institutions militaires, sans les développer davantage. Même avec leur armée actuelle, ils sauraient défendre vaillamment leur indépendance, dans le cas peu probable où elle serait sérieusement menacée.

FIN

Paris et Limoges. — Impr. milit. Henri CHARLES-LAVAUZELLE.

www.ingramcontent.com/pod-product-compliance
Ingram Content Group UK Ltd.
Pitfield, Milton Keynes, MK11 3LW, UK
UKHW021006180726
13838UKWH00003B/1467